A JOURNAL FOR SONS AND DAUGHTERS

Copyright © 2020 Righteous Write Hand Publishing, LLC
All rights reserved.
ISBN:
Hardcover: 978-1-7363501-8-8
PaperBack: 978-1-7363501-2-6

This journal belongs to

_____

DATE _____

Dedication Page

I dedicate this book to Pastor Charles Medas, Peggy Medas, and the members of The Lighthouse Fellowship - Uitvlugt Wesleyan Church, my first and forever church family. May the river of the Lord ever flow among you. May you lack no good thing and let the abundance of Heaven forever be your portion.

Introduction

Since the days recorded in the Scriptures to this present time, God has been speaking to His people. He spoke to men and women through spiritual encounters (Gen. 32:30) and angelic visitations (Lk, 1:26-38). He spoke to His prophets through open visions and dreams (Num. 12:6), and through His written word (Lk. 4:17-19). Joel prophesied that:

> I [God] will pour out my Spirit upon all flesh; and your sons and your daughters shall prophesy, your old men shall dream dreams, your young men shall see visions: and also upon the handmaids in those days will I pour out my Spirit. (Joel 2:28-29, KJV)

In Acts 2:15-18, Apostle Peter checked this off God's *To-Do List* when He identified the events in the Upper room on the Day of Pentecost as the fulfillment of Joel's prophecy. While God continues to speak to the prophets, He also speaks to those of His sons and daughters, and in similar ways: dreams, visions, encounters, and His written word.

Dreams

Merriam-Webster's Online Dictionary defines a dream as "a series of thoughts, images or emotions occurring during sleep." Dreams have three possible sources they can originate from: The Holy Spirit, an evil spirit, or the human spirit (Pierce & Wagner-Systema, 2016). It is important to discern whether a dream is of God, the devil, or of our own human spirit.

When dreams are giving to us from heaven, they are a form of revelation. Through dreams, God can share His thoughts towards us, saturate us with His love, reveal His intentions, and give us knowledge of the future. He did exactly this when He gave Joseph dreams in Genesis. Though rejected by his brothers, Joseph received the love and acceptance of God, by literally seeing God's heart for himself, that he would one day be honored by his entire family.

When God gives knowledge of the future, He does it with a specific purpose in mind. For Joseph, some might say it was to encourage him through an immediate, torturous future. In other cases, such as in the case of the three wise men (Luke 2), it might be to warn of impending danger. The three wise men went to see baby Jesus. When it was time for them to return, the Lord used a dream to warn them not to return to Herod, for Jesus' safety.

Through dreams, God can also catapult us into a season of preparation for our future. A notable example is the dream of pharaoh (Genesis 41). God sent pharaoh knowledge of the future (that a famine was coming) through his dream, as interpreted by Joseph. As a result of the dream, preparations were immediately made to sustain the people for their future. Ultimately, when the famine came, the people lacked nothing. Something particularly vital to note is that dreams demand either an action or change on the part of the believer. Through your dreams, God may require you to prepare for a future event. Like the wise men, He might require you to change your plans. God may ask you to be attentive to a person or situation, etc. He may even give specific instructions such as: write the book, start the relationship, fix the relationship, intercede for this person, shift your focus from that to this, etc. He can ask you to do a myriad of things. This is in order to bring his purposes into the earth.

Visions

Merriam-Webster's Dictionary defines vision as "a manifestation to the senses of something immaterial." A clearer definition is the immediate perception/sight of spiritual realities (whether depicting future or past circumstances) while being fully conscious and aware of your natural surroundings. Biblical scholars have identified various kinds of visions (night visions, open visions, closed visions, etc.) Though we receive visions when we are fully conscious, visions have the same function as dreams. They can warn of impending danger, give knowledge of the future, or reveal the heart of God for a nation/person/situation that likely requires action on the part of the visionary/seer.

Dreams & Visions

Another important thing to note about visions and dreams is that we should be careful to do what, prophetic dream life coach and ordained minister Barbie Breathitt calls "stewarding the dream," or "stewarding the vision." Stewardship involves watching over it like a supervisor or manager; and doing what is necessary for it to come to pass. Stewarding your dream/vision involves documenting it, praying over it (ask, seek, knock), and using it as a decree or weapon against anything that opposes it. I will add on to Barbie Breathitt's point this thought that in order to bring some things into manifestation, we must make the revelation obedient to Christ (2 Cor. 10:5). Later on, I'll share one practical way a best-selling author made his revelation subject and obedient to Christ.

How to Use This Journal

At any given time, God may choose to speak to us in one of these ways. As you draw near to God, it may sometimes feel like the revelations are too much to manage, causing a feeling of being overwhelmed. This makes it difficult for you to keep track of what God has spoken to you about and fully process the information; add another layer of negative feelings, like guilt and shame, and it makes it virtually impossible to partner with God in the earth and bring His purposes to pass. Maybe this has been your experience.

Or, maybe you find yourself in situations you vaguely remember dreaming about years in advance; or you meet persons in real life who look familiar because you've seen them in a dream or a vision prior to actually meeting them. But, you just can't quite remember what happened in the dream, much less what God's message was.

But if in these times, you had one place where you stored all of God's revelations to you, you would be able to look back on it and gain understanding of the mind of God for a situation, person, or nation. You would know how to pray. You would know exactly how to navigate that situation, according to the will of God. You'd also know how to manage your interactions with particular persons. You see, when God speaks, He may tarry (Hab. 2:3). But when He's ready to fulfill His purposes in the earth, He does it quickly (Hab. 2:3, Isa. 60:22). Here in lies the purpose of this journal: to assist in recalling the heart/mind of God for ourselves and those who God would reveal to us, as well as for nations and specific circumstances in our lives; so, we can know how to partner with God and bring it into manifestation. When we are sure of God's heart, we know how to pray. When we are sure of God's heart, we can run with Him and for Him (Heb. 12:1).

In this journal, there are nine sections to be completed. However, do not feel obligated to fill out every section every single day. This journal is not created to cause you to have visions or dreams. I do not offer daily devotionals; rather, it is a place to record the dreams/visions you are already having, as well as revelation from your daily devotionals. My expectation is that you are already setting aside time to read your Bible and hear from Abba. God may not speak in dreams and visions everyday. However, I do expect Him to speak to you in some way every day. And whenever He does, and however He does, here is the one place where you can document all of those encounters in an organized way and easily refer back to them. Below I've listed the nine sections in this journal, and how to use them to the best of your advantage in order that you may effectively run your race.

Dream/Vision

The best way to use this journal is to keep it by your bedside. If you wake during the night with a prophetic dream, record it under *Dream/Vision* while it is still fresh. Likewise, if you wake up in the morning and remember having a dream during the night, recall and record as much as you can here. Many of my frustrations come when I have a vivid dream, then go through an entire day without recording it. By the time my day is finished, the memory of the dream has completely vanished.

If you receive a vision at any point in your day, document it as soon as you can. Be sure to circle either the word dream or vision to indicate which kind of experience you are documenting. In every instance we know of in the Bible, the prophets wrote what they saw, or they had scribes document it for them.

Revelation

Adjacent to dream/vision section is the *Revelation* section. The Revelation section is where you will write the revelation or the interpretation of the dream or vision. What message was God sending to you? This is another facet of writing the vision. There are many examples of this in scripture, such as in Jeremiah chapter 24. To begin the chapter, the prophet Jeremiah describes exactly what he saw in detail (basket of two different kinds of figs). Then, he gives the interpretation: how God would deal with His righteous children and

His unrighteous children. Scientific research has also proven that note-taking is assistive in developing a deeper understanding (Bohay et al., 2011).

Scripture & Scripture Revelation

Before reading your devotion for the day, document the date and the scripture you will be reading. As you read, notate anything that stands out to you. Does the scripture give you new insight or perspective on a current circumstance? Write it here.

Intercessory Agenda

Throughout your day, various people or circumstances may "come to mind," literally. They may come to your attention through visions, dreams, morning devotions, or prayer time. With this kind of vision, God may be calling you to intercede for that person. Prayer may be necessary to determine the purpose God is intending for that person. An ideal example of this is in Acts 9, where Saul/Paul receives a vision about Ananias. Similarly, Ananias receives a vision that he should go and pray for the one named Saul. After receiving the visions, Ananias inquired of the Lord about Saul. The Lord then reassured Ananias that he should lay hands on Saul and pray for him. God may bring someone to mind in order that you might intercede, and/or so that He can reveal what should be the nature of your relationship and future interactions. Revelations concerning another individual is an indicator that they currently or will later-on play some role in your life

To-Do List

When God releases prophetic revelation, whether through dreams, visions, prophetic oracle, His written word, or by some other means, it should be coupled with faith and action. If we believe that: (1) the revelation came from God; (2) and that what God said about it is true, there must be some kind of faith-action; much like the case where pharaoh begins making preparation for famine because of a dream, and the wisemen who changed their route because of a dream. While a *revelation* will be recorded under that specific section, it should lead to the establishment of explicit and actionable steps to complete your obedience. Notable to mention here is Mark Batterson's experience before writing his book *Lion In A Pit on A Snowy Day*. God gave Mark the thought to write a book, to which Mark says, "I held captive that thought for 19 years. Then I made it obedient to Christ by setting an alarm early in the morning sitting at my keyboard, and writing...that book started as a God idea, but writing it was an act of Obedience." (Batterson, 2012). Friend, action is key to obedience and manifestation of the purposes of God for your life. After all, faith without works is dead (Jas. 2:14-26). What actionable tasks do you need to do in order to partner with God? Write those on your *To-Do List*, and begin working towards checking them off as done and obedient.

Journal

When you begin to feel overwhelmed or inadequate, use this journaling space to share your innermost thoughts and feelings as a prayer to Abba Father. This may be difficult to do at first, but the benefits will add more quality to your life, as you process divine encounters with God. King David poured out his heart in the book of Psalms, while Jeremiah poured out his heart in the book of Lamentations; Both went through unimaginable pain and unfortunate circumstances. And while God was their source, I believe the Lord gave them wisdom to release their inner-most thoughts so they are not bottled up on the inside. David's worst fears and moments of intense hatred often turned into courage, bravery, and love, while he was writing. Interestingly, enough scientific research has proven that there are many benefits to journaling; particularly important to mention is journaling boosts self-efficacy. As a result of journaling, as we see with David's journal-like Psalms, new confidence in our God-given abilities and mandates arise (Fritson, 2008). Hearing from God generally requires you to do things that you don't feel adequate to do. But pouring out even your doubts to God makes room for Him to pour into you more courage and strength. Here in this section is where you can do this.

JOURNAL

Vision/Dream

_____
_____
_____
_____
_____

Revelation

_____
_____
_____
_____
_____

Vision/Dream

_____
_____
_____
_____
_____
_____
_____
_____

Revelation

_____
_____
_____
_____
_____
_____
_____
_____

TO-DO LIST

- _____
- _____
- _____
- _____
- _____
- _____

PRAYER LIST

- _____
- _____
- _____
- _____
- _____
- _____

JOURNAL

Vision/Dream

_____
_____
_____
_____
_____

Revelation

_____
_____
_____
_____
_____

Vision/Dream

_____
_____
_____
_____
_____

Revelation

_____
_____
_____
_____
_____

TO-DO LIST
- _____
- _____
- _____
- _____
- _____
- _____

PRAYER LIST
- _____
- _____
- _____
- _____
- _____
- _____

JOURNAL

Vision/Dream

_____
_____
_____
_____
_____
_____

Vision/Dream

_____
_____
_____
_____
_____
_____
_____
_____

Revelation

_____
_____
_____
_____
_____
_____

Revelation

_____
_____
_____
_____
_____
_____
_____
_____

TO-DO LIST

- _____
- _____
- _____
- _____
- _____
- _____

PRAYER LIST

- _____
- _____
- _____
- _____
- _____
- _____

JOURNAL

Vision/Dream

_____
_____
_____
_____
_____

Revelation

_____
_____
_____
_____
_____

Vision/Dream

_____
_____
_____
_____
_____
_____
_____

Revelation

_____
_____
_____
_____
_____
_____
_____

TO-DO LIST

- _____
- _____
- _____
- _____
- _____
- _____

PRAYER LIST

- _____
- _____
- _____
- _____
- _____
- _____

JOURNAL

Vision/Dream

_____
_____
_____
_____
_____

Revelation

_____
_____
_____
_____
_____

Vision/Dream

_____
_____
_____
_____
_____
_____
_____

Revelation

_____
_____
_____
_____
_____
_____
_____

TO-DO LIST

- _____
- _____
- _____
- _____
- _____
- _____

PRAYER LIST

- _____
- _____
- _____
- _____
- _____
- _____

JOURNAL

Vision/Dream

_____
_____
_____
_____
_____

Revelation

_____
_____
_____
_____
_____

Vision/Dream

_____
_____
_____
_____
_____
_____
_____

Revelation

_____
_____
_____
_____
_____
_____
_____

TO-DO LIST

- _____
- _____
- _____
- _____
- _____
- _____

PRAYER LIST

- _____
- _____
- _____
- _____
- _____
- _____

JOURNAL

Vision/Dream

_____
_____
_____
_____
_____

Revelation

_____
_____
_____
_____
_____

Vision/Dream

_____
_____
_____
_____
_____
_____
_____

Revelation

_____
_____
_____
_____
_____
_____
_____

TO-DO LIST

- _____
- _____
- _____
- _____
- _____
- _____

PRAYER LIST

- _____
- _____
- _____
- _____
- _____
- _____

JOURNAL

Vision/Dream

_____
_____
_____
_____
_____

Vision/Dream

_____
_____
_____
_____
_____
_____
_____

Revelation

_____
_____
_____
_____
_____

Revelation

_____
_____
_____
_____
_____
_____
_____

TO-DO LIST

- _____
- _____
- _____
- _____
- _____
- _____

PRAYER LIST

- _____
- _____
- _____
- _____
- _____
- _____

JOURNAL

Vision/Dream

_____
_____
_____
_____
_____

Revelation

_____
_____
_____
_____
_____

Vision/Dream

_____
_____
_____
_____
_____
_____
_____

Revelation

_____
_____
_____
_____
_____
_____
_____

TO-DO LIST

- _____
- _____
- _____
- _____
- _____
- _____

PRAYER LIST

- _____
- _____
- _____
- _____
- _____
- _____

JOURNAL

Vision/Dream

_____
_____
_____
_____
_____
_____

Revelation

_____
_____
_____
_____
_____
_____

Vision/Dream

_____
_____
_____
_____
_____
_____
_____

Revelation

_____
_____
_____
_____
_____
_____
_____

TO-DO LIST

- _____
- _____
- _____
- _____
- _____
- _____

PRAYER LIST

- _____
- _____
- _____
- _____
- _____
- _____

JOURNAL

Vision/Dream

_____
_____
_____
_____
_____

Vision/Dream

_____
_____
_____
_____
_____
_____
_____

Revelation

_____
_____
_____
_____
_____

Revelation

_____
_____
_____
_____
_____
_____
_____

TO-DO LIST

- _____
- _____
- _____
- _____
- _____
- _____

PRAYER LIST

- _____
- _____
- _____
- _____
- _____
- _____

JOURNAL

Vision/Dream

_____
_____
_____
_____
_____

Vision/Dream

_____
_____
_____
_____
_____
_____
_____

Revelation

_____
_____
_____
_____
_____

Revelation

_____
_____
_____
_____
_____
_____
_____

TO-DO LIST

- _____
- _____
- _____
- _____
- _____
- _____

PRAYER LIST

- _____
- _____
- _____
- _____
- _____
- _____

JOURNAL

Vision/Dream

_____
_____
_____
_____
_____

Revelation

_____
_____
_____
_____
_____

Vision/Dream

_____
_____
_____
_____
_____

Revelation

_____
_____
_____
_____
_____

TO-DO LIST

- _____
- _____
- _____
- _____
- _____
- _____

PRAYER LIST

- _____
- _____
- _____
- _____
- _____
- _____

JOURNAL

Vision/Dream

_____
_____
_____
_____
_____

Vision/Dream

_____
_____
_____
_____
_____
_____
_____

Revelation

_____
_____
_____
_____
_____

Revelation

_____
_____
_____
_____
_____
_____
_____

TO-DO LIST

- _____
- _____
- _____
- _____
- _____
- _____

PRAYER LIST

- _____
- _____
- _____
- _____
- _____
- _____

JOURNAL

Vision/Dream

_____
_____
_____
_____

Vision/Dream

_____
_____
_____
_____
_____
_____

Revelation

_____
_____
_____
_____

Revelation

_____
_____
_____
_____
_____
_____

TO-DO LIST

- _____
- _____
- _____
- _____
- _____
- _____

PRAYER LIST

- _____
- _____
- _____
- _____
- _____
- _____

JOURNAL

Vision/Dream

_____
_____
_____
_____
_____

Revelation

_____
_____
_____
_____
_____

Vision/Dream

_____
_____
_____
_____
_____
_____
_____

Revelation

_____
_____
_____
_____
_____
_____
_____

TO-DO LIST

- _____
- _____
- _____
- _____
- _____
- _____

PRAYER LIST

- _____
- _____
- _____
- _____
- _____
- _____

JOURNAL

Vision/Dream

_____
_____
_____
_____
_____

Vision/Dream

_____
_____
_____
_____
_____
_____
_____

Revelation

_____
_____
_____
_____
_____

Revelation

_____
_____
_____
_____
_____
_____
_____

TO-DO LIST

- _____
- _____
- _____
- _____
- _____
- _____

PRAYER LIST

- _____
- _____
- _____
- _____
- _____
- _____

JOURNAL

Vision/Dream

_____
_____
_____
_____
_____

Revelation

_____
_____
_____
_____
_____

Vision/Dream

_____
_____
_____
_____
_____
_____
_____

Revelation

_____
_____
_____
_____
_____
_____
_____

TO-DO LIST
- ▪ _____
- ▪ _____
- ▪ _____
- ▪ _____
- ▪ _____
- ▪ _____

PRAYER LIST
- ▪ _____
- ▪ _____
- ▪ _____
- ▪ _____
- ▪ _____
- ▪ _____

JOURNAL

Vision/Dream

_____
_____
_____
_____
_____

Revelation

_____
_____
_____
_____
_____

Vision/Dream

_____
_____
_____
_____
_____
_____
_____

Revelation

_____
_____
_____
_____
_____
_____
_____

TO-DO LIST

- _____
- _____
- _____
- _____
- _____
- _____

PRAYER LIST

- _____
- _____
- _____
- _____
- _____
- _____

JOURNAL

Vision/Dream

_____
_____
_____
_____
_____

Revelation

_____
_____
_____
_____
_____

Vision/Dream

_____
_____
_____
_____
_____
_____
_____

Revelation

_____
_____
_____
_____
_____
_____
_____

TO-DO LIST

- _____
- _____
- _____
- _____
- _____
- _____

PRAYER LIST

- _____
- _____
- _____
- _____
- _____
- _____

JOURNAL

Vision/Dream

_____
_____
_____
_____
_____

Vision/Dream

_____
_____
_____
_____
_____
_____
_____

Revelation

_____
_____
_____
_____
_____

Revelation

_____
_____
_____
_____
_____
_____
_____

TO-DO LIST

- _____
- _____
- _____
- _____
- _____
- _____

PRAYER LIST

- _____
- _____
- _____
- _____
- _____
- _____

JOURNAL

Vision/Dream

_____
_____
_____
_____
_____

Vision/Dream

_____
_____
_____
_____
_____
_____
_____

Revelation

_____
_____
_____
_____
_____

Revelation

_____
_____
_____
_____
_____
_____
_____

TO-DO LIST

- _____
- _____
- _____
- _____
- _____
- _____

PRAYER LIST

- _____
- _____
- _____
- _____
- _____
- _____

JOURNAL

Vision/Dream

_____
_____
_____
_____
_____

Revelation

_____
_____
_____
_____
_____

Vision/Dream

_____
_____
_____
_____
_____
_____
_____

Revelation

_____
_____
_____
_____
_____
_____
_____

TO-DO LIST

- _____
- _____
- _____
- _____
- _____
- _____

PRAYER LIST

- _____
- _____
- _____
- _____
- _____
- _____

JOURNAL

Vision/Dream

_____
_____
_____
_____
_____

Revelation

_____
_____
_____
_____
_____

Vision/Dream

_____
_____
_____
_____
_____
_____
_____

Revelation

_____
_____
_____
_____
_____
_____
_____

TO-DO LIST

- _____
- _____
- _____
- _____
- _____
- _____

PRAYER LIST

- _____
- _____
- _____
- _____
- _____
- _____

JOURNAL

Vision/Dream

_____
_____
_____
_____
_____

Revelation

_____
_____
_____
_____
_____

Vision/Dream

_____
_____
_____
_____
_____
_____
_____

Revelation

_____
_____
_____
_____
_____
_____
_____

TO-DO LIST

- _____
- _____
- _____
- _____
- _____
- _____

PRAYER LIST

- _____
- _____
- _____
- _____
- _____
- _____

JOURNAL

Vision/Dream

_____
_____
_____
_____
_____

Revelation

_____
_____
_____
_____
_____

Vision/Dream

_____
_____
_____
_____
_____
_____
_____
_____

Revelation

_____
_____
_____
_____
_____
_____
_____
_____

TO-DO LIST
- _____
- _____
- _____
- _____
- _____
- _____

PRAYER LIST
- _____
- _____
- _____
- _____
- _____
- _____

JOURNAL

Vision/Dream

_____
_____
_____
_____
_____

Vision/Dream

_____
_____
_____
_____
_____
_____
_____

Revelation

_____
_____
_____
_____
_____

Revelation

_____
_____
_____
_____
_____
_____
_____

TO-DO LIST

- _____
- _____
- _____
- _____
- _____
- _____

PRAYER LIST

- _____
- _____
- _____
- _____
- _____
- _____

JOURNAL

Vision/Dream

_____
_____
_____
_____
_____

Revelation

_____
_____
_____
_____
_____

Vision/Dream

_____
_____
_____
_____
_____
_____
_____

Revelation

_____
_____
_____
_____
_____
_____
_____

TO-DO LIST

- _____
- _____
- _____
- _____
- _____
- _____

PRAYER LIST

- _____
- _____
- _____
- _____
- _____
- _____

JOURNAL

Vision/Dream

_____
_____
_____
_____
_____

Revelation

_____
_____
_____
_____
_____

Vision/Dream

_____
_____
_____
_____
_____
_____
_____

Revelation

_____
_____
_____
_____
_____
_____
_____

TO-DO LIST

- _____
- _____
- _____
- _____
- _____
- _____

PRAYER LIST

- _____
- _____
- _____
- _____
- _____
- _____

JOURNAL

Vision/Dream

_____
_____
_____
_____
_____

Revelation

_____
_____
_____
_____
_____

Vision/Dream

_____
_____
_____
_____
_____
_____
_____

Revelation

_____
_____
_____
_____
_____
_____
_____

TO-DO LIST

- _____
- _____
- _____
- _____
- _____
- _____

PRAYER LIST

- _____
- _____
- _____
- _____
- _____
- _____

JOURNAL

Vision/Dream

_____
_____
_____
_____
_____

Revelation

_____
_____
_____
_____
_____

Vision/Dream

_____
_____
_____
_____
_____
_____
_____

Revelation

_____
_____
_____
_____
_____
_____
_____

TO-DO LIST

- _____
- _____
- _____
- _____
- _____
- _____

PRAYER LIST

- _____
- _____
- _____
- _____
- _____
- _____

JOURNAL

Vision/Dream

_____
_____
_____
_____
_____

Revelation

_____
_____
_____
_____
_____

Vision/Dream

_____
_____
_____
_____
_____
_____
_____

Revelation

_____
_____
_____
_____
_____
_____
_____

TO-DO LIST

- _____
- _____
- _____
- _____
- _____
- _____

PRAYER LIST

- _____
- _____
- _____
- _____
- _____
- _____

JOURNAL

Vision/Dream

_____
_____
_____
_____
_____

Vision/Dream

_____
_____
_____
_____
_____
_____
_____

Revelation

_____
_____
_____
_____
_____

Revelation

_____
_____
_____
_____
_____
_____
_____

TO-DO LIST

- _____
- _____
- _____
- _____
- _____
- _____

PRAYER LIST

- _____
- _____
- _____
- _____
- _____
- _____

JOURNAL

Vision/Dream

_____
_____
_____
_____
_____

Revelation

_____
_____
_____
_____
_____

Vision/Dream

_____
_____
_____
_____
_____
_____
_____

Revelation

_____
_____
_____
_____
_____
_____
_____

TO-DO LIST

- _____
- _____
- _____
- _____
- _____
- _____

PRAYER LIST

- _____
- _____
- _____
- _____
- _____
- _____

JOURNAL

Vision/Dream
_____
_____
_____
_____
_____

Revelation
_____
_____
_____
_____
_____

Vision/Dream
_____
_____
_____
_____
_____
_____
_____

Revelation
_____
_____
_____
_____
_____
_____
_____

TO-DO LIST
- _____
- _____
- _____
- _____
- _____
- _____

PRAYER LIST
- _____
- _____
- _____
- _____
- _____
- _____

JOURNAL

Vision/Dream

_____
_____
_____
_____
_____

Revelation

_____
_____
_____
_____
_____

Vision/Dream

_____
_____
_____
_____
_____
_____
_____
_____

Revelation

_____
_____
_____
_____
_____
_____
_____
_____

TO-DO LIST

- _____
- _____
- _____
- _____
- _____
- _____

PRAYER LIST

- _____
- _____
- _____
- _____
- _____
- _____

JOURNAL

Vision/Dream

_____
_____
_____
_____
_____

Revelation

_____
_____
_____
_____
_____

Vision/Dream

_____
_____
_____
_____
_____
_____
_____
_____

Revelation

_____
_____
_____
_____
_____
_____
_____
_____

TO-DO LIST

- _____
- _____
- _____
- _____
- _____
- _____

PRAYER LIST

- _____
- _____
- _____
- _____
- _____
- _____

JOURNAL

Vision/Dream

_____
_____
_____
_____
_____

Revelation

_____
_____
_____
_____
_____

Vision/Dream

_____
_____
_____
_____
_____
_____
_____

Revelation

_____
_____
_____
_____
_____
_____
_____

TO-DO LIST
- _____
- _____
- _____
- _____
- _____
- _____

PRAYER LIST
- _____
- _____
- _____
- _____
- _____
- _____

JOURNAL

Vision/Dream

_____
_____
_____
_____
_____

Revelation

_____
_____
_____
_____
_____

Vision/Dream

_____
_____
_____
_____
_____
_____
_____

Revelation

_____
_____
_____
_____
_____
_____
_____

TO-DO LIST

- _____
- _____
- _____
- _____
- _____
- _____

PRAYER LIST

- _____
- _____
- _____
- _____
- _____
- _____

JOURNAL

Vision/Dream

_____
_____
_____
_____
_____

Revelation

_____
_____
_____
_____
_____

Vision/Dream

_____
_____
_____
_____
_____
_____
_____

Revelation

_____
_____
_____
_____
_____
_____
_____

TO-DO LIST

- _____
- _____
- _____
- _____
- _____
- _____

PRAYER LIST

- _____
- _____
- _____
- _____
- _____
- _____

JOURNAL

Vision/Dream

_____
_____
_____
_____
_____

Revelation

_____
_____
_____
_____
_____

Vision/Dream

_____
_____
_____
_____
_____
_____
_____
_____

Revelation

_____
_____
_____
_____
_____
_____
_____
_____

TO-DO LIST

- _____
- _____
- _____
- _____
- _____
- _____

PRAYER LIST

- _____
- _____
- _____
- _____
- _____
- _____

JOURNAL

Vision/Dream

_____
_____
_____
_____
_____

Vision/Dream

_____
_____
_____
_____
_____
_____
_____

Revelation

_____
_____
_____
_____
_____

Revelation

_____
_____
_____
_____
_____
_____
_____

TO-DO LIST
- _____
- _____
- _____
- _____
- _____
- _____

PRAYER LIST
- _____
- _____
- _____
- _____
- _____
- _____

JOURNAL

Vision/Dream

_____
_____
_____
_____
_____

Revelation

_____
_____
_____
_____
_____

Vision/Dream

_____
_____
_____
_____
_____
_____
_____

Revelation

_____
_____
_____
_____
_____
_____
_____

TO-DO LIST
- _____
- _____
- _____
- _____
- _____
- _____

PRAYER LIST
- _____
- _____
- _____
- _____
- _____
- _____

JOURNAL

Vision/Dream

_____
_____
_____
_____
_____

Revelation

_____
_____
_____
_____
_____

Vision/Dream

_____
_____
_____
_____
_____
_____

Revelation

_____
_____
_____
_____
_____
_____

TO-DO LIST

- _____
- _____
- _____
- _____
- _____
- _____

PRAYER LIST

- _____
- _____
- _____
- _____
- _____
- _____

JOURNAL

Vision/Dream

_____
_____
_____
_____
_____

Revelation

_____
_____
_____
_____
_____

Vision/Dream

_____
_____
_____
_____
_____
_____
_____

Revelation

_____
_____
_____
_____
_____
_____
_____

TO-DO LIST

- _____
- _____
- _____
- _____
- _____
- _____

PRAYER LIST

- _____
- _____
- _____
- _____
- _____
- _____

JOURNAL

Vision/Dream

_____
_____
_____
_____
_____

Vision/Dream

_____
_____
_____
_____
_____
_____
_____

Revelation

_____
_____
_____
_____
_____

Revelation

_____
_____
_____
_____
_____
_____
_____

TO-DO LIST

- _____
- _____
- _____
- _____
- _____
- _____

PRAYER LIST

- _____
- _____
- _____
- _____
- _____
- _____

JOURNAL

Vision/Dream

_____
_____
_____
_____
_____

Vision/Dream

_____
_____
_____
_____
_____
_____
_____

Revelation

_____
_____
_____
_____
_____

Revelation

_____
_____
_____
_____
_____
_____
_____

TO-DO LIST

- _____
- _____
- _____
- _____
- _____
- _____

PRAYER LIST

- _____
- _____
- _____
- _____
- _____
- _____

JOURNAL

Vision/Dream

_____
_____
_____
_____
_____

Revelation

_____
_____
_____
_____
_____

Vision/Dream

_____
_____
_____
_____
_____
_____
_____

Revelation

_____
_____
_____
_____
_____
_____
_____

TO-DO LIST
- _____
- _____
- _____
- _____
- _____
- _____

PRAYER LIST
- _____
- _____
- _____
- _____
- _____
- _____

JOURNAL

Vision/Dream

_____
_____
_____
_____
_____

Revelation

_____
_____
_____
_____
_____

Vision/Dream

_____
_____
_____
_____
_____
_____
_____

Revelation

_____
_____
_____
_____
_____
_____
_____

TO-DO LIST

- _____
- _____
- _____
- _____
- _____
- _____

PRAYER LIST

- _____
- _____
- _____
- _____
- _____
- _____

JOURNAL

Vision/Dream

_____
_____
_____
_____
_____

Revelation

_____
_____
_____
_____
_____

Vision/Dream

_____
_____
_____
_____
_____
_____
_____

Revelation

_____
_____
_____
_____
_____
_____
_____

TO-DO LIST

- _____
- _____
- _____
- _____
- _____
- _____

PRAYER LIST

- _____
- _____
- _____
- _____
- _____
- _____

JOURNAL

Vision/Dream

_____
_____
_____
_____
_____

Revelation

_____
_____
_____
_____
_____

Vision/Dream

_____
_____
_____
_____
_____
_____
_____

Revelation

_____
_____
_____
_____
_____
_____
_____

TO-DO LIST

- _____
- _____
- _____
- _____
- _____
- _____

PRAYER LIST

- _____
- _____
- _____
- _____
- _____
- _____

JOURNAL

Vision/Dream

_____
_____
_____
_____
_____

Revelation

_____
_____
_____
_____
_____

Vision/Dream

_____
_____
_____
_____
_____
_____
_____

Revelation

_____
_____
_____
_____
_____
_____
_____

TO-DO LIST

- _____
- _____
- _____
- _____
- _____
- _____

PRAYER LIST

- _____
- _____
- _____
- _____
- _____
- _____

JOURNAL

Vision/Dream

_____
_____
_____
_____
_____

Vision/Dream

_____
_____
_____
_____
_____
_____
_____

Revelation

_____
_____
_____
_____
_____

Revelation

_____
_____
_____
_____
_____
_____
_____

TO-DO LIST

- _____
- _____
- _____
- _____
- _____
- _____

PRAYER LIST

- _____
- _____
- _____
- _____
- _____
- _____

JOURNAL

Vision/Dream

_____
_____
_____
_____
_____

Revelation

_____
_____
_____
_____
_____

Vision/Dream

_____
_____
_____
_____
_____
_____
_____

Revelation

_____
_____
_____
_____
_____
_____
_____

TO-DO LIST
- _____
- _____
- _____
- _____
- _____
- _____

PRAYER LIST
- _____
- _____
- _____
- _____
- _____
- _____

JOURNAL

Vision/Dream

_____
_____
_____
_____
_____

Revelation

_____
_____
_____
_____
_____

Vision/Dream

_____
_____
_____
_____
_____
_____
_____
_____

Revelation

_____
_____
_____
_____
_____
_____
_____
_____

TO-DO LIST

- _____
- _____
- _____
- _____
- _____
- _____

PRAYER LIST

- _____
- _____
- _____
- _____
- _____
- _____

Scripture Revelations

JOURNAL

Vision/Dream

_____
_____
_____
_____
_____

Revelation

_____
_____
_____
_____
_____

Vision/Dream

_____
_____
_____
_____
_____
_____
_____

Revelation

_____
_____
_____
_____
_____
_____
_____

TO-DO LIST

- _____
- _____
- _____
- _____
- _____
- _____

PRAYER LIST

- _____
- _____
- _____
- _____
- _____
- _____

JOURNAL

Vision/Dream

_____
_____
_____
_____
_____

Revelation

_____
_____
_____
_____
_____

Vision/Dream

_____
_____
_____
_____
_____
_____
_____

Revelation

_____
_____
_____
_____
_____
_____
_____

TO-DO LIST

- _____
- _____
- _____
- _____
- _____
- _____

PRAYER LIST

- _____
- _____
- _____
- _____
- _____
- _____

JOURNAL

Vision/Dream

_____
_____
_____
_____
_____

Revelation

_____
_____
_____
_____
_____

Vision/Dream

_____
_____
_____
_____
_____
_____
_____
_____

Revelation

_____
_____
_____
_____
_____
_____
_____
_____

TO-DO LIST

- _____
- _____
- _____
- _____
- _____
- _____

PRAYER LIST

- _____
- _____
- _____
- _____
- _____
- _____

JOURNAL

Vision/Dream

_____
_____
_____
_____
_____

Revelation

_____
_____
_____
_____
_____

Vision/Dream

_____
_____
_____
_____
_____
_____
_____

Revelation

_____
_____
_____
_____
_____
_____
_____

TO-DO LIST

- _____
- _____
- _____
- _____
- _____
- _____

PRAYER LIST

- _____
- _____
- _____
- _____
- _____
- _____

JOURNAL

Vision/Dream

_____
_____
_____
_____
_____

Revelation

_____
_____
_____
_____
_____

Vision/Dream

_____
_____
_____
_____
_____
_____
_____
_____

Revelation

_____
_____
_____
_____
_____
_____
_____
_____

TO-DO LIST
- _____
- _____
- _____
- _____
- _____
- _____

PRAYER LIST
- _____
- _____
- _____
- _____
- _____
- _____

JOURNAL

Vision/Dream

_____
_____
_____
_____
_____

Revelation

_____
_____
_____
_____
_____

Vision/Dream

_____
_____
_____
_____
_____
_____
_____

Revelation

_____
_____
_____
_____
_____
_____
_____

TO-DO LIST

- _____
- _____
- _____
- _____
- _____
- _____

PRAYER LIST

- _____
- _____
- _____
- _____
- _____
- _____

JOURNAL

Vision/Dream

_____
_____
_____
_____
_____

Revelation

_____
_____
_____
_____
_____

Vision/Dream

_____
_____
_____
_____
_____
_____
_____

Revelation

_____
_____
_____
_____
_____
_____
_____

TO-DO LIST
- _____
- _____
- _____
- _____
- _____
- _____

PRAYER LIST
- _____
- _____
- _____
- _____
- _____
- _____

JOURNAL

Vision/Dream

_____
_____
_____
_____

Revelation

_____
_____
_____
_____

Vision/Dream

_____
_____
_____
_____
_____
_____

Revelation

_____
_____
_____
_____
_____
_____

TO-DO LIST

- _____
- _____
- _____
- _____
- _____
- _____

PRAYER LIST

- _____
- _____
- _____
- _____
- _____
- _____

JOURNAL

Vision/Dream

_____
_____
_____
_____
_____

Revelation

_____
_____
_____
_____
_____

Vision/Dream

_____
_____
_____
_____
_____
_____
_____

Revelation

_____
_____
_____
_____
_____
_____
_____

TO-DO LIST

- _____
- _____
- _____
- _____
- _____
- _____

PRAYER LIST

- _____
- _____
- _____
- _____
- _____
- _____

JOURNAL

Vision/Dream

_____
_____
_____
_____
_____

Revelation

_____
_____
_____
_____
_____

Vision/Dream

_____
_____
_____
_____
_____
_____
_____

Revelation

_____
_____
_____
_____
_____
_____
_____

TO-DO LIST
- _____
- _____
- _____
- _____
- _____
- _____

PRAYER LIST
- _____
- _____
- _____
- _____
- _____
- _____

JOURNAL

Vision/Dream

_____
_____
_____
_____
_____

Vision/Dream

_____
_____
_____
_____
_____
_____
_____

Revelation

_____
_____
_____
_____
_____

Revelation

_____
_____
_____
_____
_____
_____
_____

TO-DO LIST
- _____
- _____
- _____
- _____
- _____
- _____

PRAYER LIST
- _____
- _____
- _____
- _____
- _____
- _____

JOURNAL

Vision/Dream

_____
_____
_____
_____
_____

Vision/Dream

_____
_____
_____
_____
_____
_____
_____

Revelation

_____
_____
_____
_____
_____

Revelation

_____
_____
_____
_____
_____
_____
_____

TO-DO LIST

- _____
- _____
- _____
- _____
- _____
- _____

PRAYER LIST

- _____
- _____
- _____
- _____
- _____
- _____

JOURNAL

Vision/Dream

_____
_____
_____
_____
_____

Revelation

_____
_____
_____
_____
_____

Vision/Dream

_____
_____
_____
_____
_____
_____
_____

Revelation

_____
_____
_____
_____
_____
_____
_____

TO-DO LIST

- _____
- _____
- _____
- _____
- _____
- _____

PRAYER LIST

- _____
- _____
- _____
- _____
- _____
- _____

JOURNAL

Vision/Dream

_____
_____
_____
_____
_____

Revelation

_____
_____
_____
_____
_____
_____

Vision/Dream

_____
_____
_____
_____
_____
_____
_____

Revelation

_____
_____
_____
_____
_____
_____

TO-DO LIST

- _____
- _____
- _____
- _____
- _____
- _____

PRAYER LIST

- _____
- _____
- _____
- _____
- _____
- _____

JOURNAL

Vision/Dream

_____
_____
_____
_____
_____

Revelation

_____
_____
_____
_____
_____

Vision/Dream

_____
_____
_____
_____
_____
_____
_____

Revelation

_____
_____
_____
_____
_____
_____
_____

TO-DO LIST

- _____
- _____
- _____
- _____
- _____
- _____

PRAYER LIST

- _____
- _____
- _____
- _____
- _____
- _____

JOURNAL

Vision/Dream

_____
_____
_____
_____
_____

Revelation

_____
_____
_____
_____
_____

Vision/Dream

_____
_____
_____
_____
_____
_____
_____

Revelation

_____
_____
_____
_____
_____
_____
_____

TO-DO LIST

- _____
- _____
- _____
- _____
- _____
- _____

PRAYER LIST

- _____
- _____
- _____
- _____
- _____
- _____

JOURNAL

Vision/Dream

_____
_____
_____
_____
_____

Vision/Dream

_____
_____
_____
_____
_____
_____
_____

Revelation

_____
_____
_____
_____
_____

Revelation

_____
_____
_____
_____
_____
_____
_____

TO-DO LIST

- _____
- _____
- _____
- _____
- _____
- _____

PRAYER LIST

- _____
- _____
- _____
- _____
- _____
- _____

JOURNAL

Vision/Dream

_____
_____
_____
_____
_____

Revelation

_____
_____
_____
_____
_____

Vision/Dream

_____
_____
_____
_____
_____
_____
_____
_____

Revelation

_____
_____
_____
_____
_____
_____
_____
_____

TO-DO LIST
- _____
- _____
- _____
- _____
- _____
- _____

PRAYER LIST
- _____
- _____
- _____
- _____
- _____
- _____

JOURNAL

Vision/Dream

_____
_____
_____
_____
_____

Revelation

_____
_____
_____
_____
_____

Vision/Dream

_____
_____
_____
_____
_____
_____
_____

Revelation

_____
_____
_____
_____
_____
_____
_____

TO-DO LIST
- _____
- _____
- _____
- _____
- _____
- _____

PRAYER LIST
- _____
- _____
- _____
- _____
- _____
- _____

JOURNAL

Vision/Dream

_____
_____
_____
_____
_____

Revelation

_____
_____
_____
_____
_____

Vision/Dream

_____
_____
_____
_____
_____
_____
_____

Revelation

_____
_____
_____
_____
_____
_____
_____

TO-DO LIST

- _____
- _____
- _____
- _____
- _____
- _____

PRAYER LIST

- _____
- _____
- _____
- _____
- _____
- _____

JOURNAL

Vision/Dream

_____
_____
_____
_____
_____

Revelation

_____
_____
_____
_____
_____

Vision/Dream

_____
_____
_____
_____
_____
_____
_____

Revelation

_____
_____
_____
_____
_____
_____
_____

TO-DO LIST

- _____
- _____
- _____
- _____
- _____
- _____

PRAYER LIST

- _____
- _____
- _____
- _____
- _____
- _____

JOURNAL

Vision/Dream

_____
_____
_____
_____
_____

Revelation

_____
_____
_____
_____
_____

Vision/Dream

_____
_____
_____
_____
_____
_____

Revelation

_____
_____
_____
_____
_____
_____

TO-DO LIST

- _____
- _____
- _____
- _____
- _____
- _____

PRAYER LIST

- _____
- _____
- _____
- _____
- _____
- _____

JOURNAL

Vision/Dream

_____
_____
_____
_____
_____
_____

Vision/Dream

_____
_____
_____
_____
_____
_____
_____

Revelation

_____
_____
_____
_____
_____
_____

Revelation

_____
_____
_____
_____
_____
_____
_____

TO-DO LIST

- _____
- _____
- _____
- _____
- _____
- _____

PRAYER LIST

- _____
- _____
- _____
- _____
- _____
- _____

JOURNAL

Vision/Dream

_____
_____
_____
_____
_____

Vision/Dream

_____
_____
_____
_____
_____
_____
_____

Revelation

_____
_____
_____
_____
_____

Revelation

_____
_____
_____
_____
_____
_____
_____

TO-DO LIST

- _____
- _____
- _____
- _____
- _____
- _____

PRAYER LIST

- _____
- _____
- _____
- _____
- _____
- _____

JOURNAL

Vision/Dream

_____
_____
_____
_____
_____

Revelation

_____
_____
_____
_____
_____

Vision/Dream

_____
_____
_____
_____
_____
_____
_____

Revelation

_____
_____
_____
_____
_____
_____
_____

TO-DO LIST

- _____
- _____
- _____
- _____
- _____
- _____

PRAYER LIST

- _____
- _____
- _____
- _____
- _____
- _____

JOURNAL

Vision/Dream

_____
_____
_____
_____
_____

Revelation

_____
_____
_____
_____
_____

Vision/Dream

_____
_____
_____
_____
_____
_____
_____
_____

Revelation

_____
_____
_____
_____
_____
_____
_____
_____

TO-DO LIST
- _____
- _____
- _____
- _____
- _____
- _____

PRAYER LIST
- _____
- _____
- _____
- _____
- _____
- _____

JOURNAL

Vision/Dream

_____
_____
_____
_____

Revelation

_____
_____
_____
_____

Vision/Dream

_____
_____
_____
_____
_____
_____
_____

Revelation

_____
_____
_____
_____
_____
_____
_____

TO-DO LIST

- _____
- _____
- _____
- _____
- _____
- _____

PRAYER LIST

- _____
- _____
- _____
- _____
- _____
- _____

JOURNAL

Vision/Dream

_____
_____
_____
_____
_____
_____

Revelation

_____
_____
_____
_____
_____
_____

Vision/Dream

_____
_____
_____
_____
_____
_____
_____
_____

Revelation

_____
_____
_____
_____
_____
_____
_____
_____

TO-DO LIST

- _____
- _____
- _____
- _____
- _____
- _____

PRAYER LIST

- _____
- _____
- _____
- _____
- _____
- _____

JOURNAL

Vision/Dream

_____
_____
_____
_____
_____

Vision/Dream

_____
_____
_____
_____
_____
_____
_____

Revelation

_____
_____
_____
_____
_____

Revelation

_____
_____
_____
_____
_____
_____
_____

TO-DO LIST
- _____
- _____
- _____
- _____
- _____
- _____

PRAYER LIST
- _____
- _____
- _____
- _____
- _____
- _____

JOURNAL

Vision/Dream

_____
_____
_____
_____
_____
_____

Vision/Dream

_____
_____
_____
_____
_____
_____
_____
_____

Revelation

_____
_____
_____
_____
_____
_____

Revelation

_____
_____
_____
_____
_____
_____
_____
_____

TO-DO LIST

- _____
- _____
- _____
- _____
- _____
- _____

PRAYER LIST

- _____
- _____
- _____
- _____
- _____
- _____

JOURNAL

Vision/Dream
_____
_____
_____
_____
_____

Revelation
_____
_____
_____
_____
_____

Vision/Dream
_____
_____
_____
_____
_____
_____
_____
_____

Revelation
_____
_____
_____
_____
_____
_____
_____
_____

TO-DO LIST
- _____
- _____
- _____
- _____
- _____
- _____

PRAYER LIST
- _____
- _____
- _____
- _____
- _____
- _____

JOURNAL

Vision/Dream

_____
_____
_____
_____
_____

Revelation

_____
_____
_____
_____
_____

Vision/Dream

_____
_____
_____
_____
_____
_____
_____

Revelation

_____
_____
_____
_____
_____
_____
_____

TO-DO LIST

- _____
- _____
- _____
- _____
- _____
- _____

PRAYER LIST

- _____
- _____
- _____
- _____
- _____
- _____

JOURNAL

Vision/Dream

_____
_____
_____
_____
_____

Vision/Dream

_____
_____
_____
_____
_____
_____
_____

Revelation

_____
_____
_____
_____
_____

Revelation

_____
_____
_____
_____
_____
_____
_____

TO-DO LIST
- _____
- _____
- _____
- _____
- _____
- _____

PRAYER LIST
- _____
- _____
- _____
- _____
- _____
- _____

JOURNAL

Vision/Dream

_____
_____
_____
_____
_____

Vision/Dream

_____
_____
_____
_____
_____
_____
_____

Revelation

_____
_____
_____
_____
_____

Revelation

_____
_____
_____
_____
_____
_____
_____

TO-DO LIST

- _____
- _____
- _____
- _____
- _____
- _____

PRAYER LIST

- _____
- _____
- _____
- _____
- _____
- _____

JOURNAL

Vision/Dream

_____
_____
_____
_____
_____

Revelation

_____
_____
_____
_____
_____

Vision/Dream

_____
_____
_____
_____
_____
_____
_____

Revelation

_____
_____
_____
_____
_____
_____
_____

TO-DO LIST

- _____
- _____
- _____
- _____
- _____
- _____

PRAYER LIST

- _____
- _____
- _____
- _____
- _____
- _____

References

Batterson, Mark. *Draw the circle: The 40 Day Prayer Challenge.* Michigan: Zondervan, 2012

Bohay, Mark., Blakely, Daniel P., Tamplin, Andrea K., Radvansky, Gabriel A. "Note taking, review, memory and comprehension." *University of Illinois Press The American Journal of Psychology*, 124, (2011): 63-73. https://www-jstor-org.ezproxy.nyack.edu/stable/pdf/10.5406/amerjpsyc.124.1.0063.pdf

Fritson, Krista K., "Impact of journaling on students' self-efficacy and locus of control." *InSight: A Journal of Scholarly Teaching.* 3, (2008): 78-83. https://files.eric.ed.gov/fulltext/EJ888412.pdf

Miriam Websters Online Dictionary, s.v. "dream," accessed August 13, 2020, https://www.merriam-webster.com/dictionary/dream

Miriam Websters Online Dictionary, s.v. "vision," accessed August 13, 2020, https://www.merriam-webster.com/dictionary/vision

Pierce, Chuck D., and Wagner-System, Rebecca. *The Spiritual Warfare Handbook.* Minnesota: Chosen Books, 2016

This book is available in hardcover, spiral, and for digital upload at www.righteouswritehand.com.